AF280937

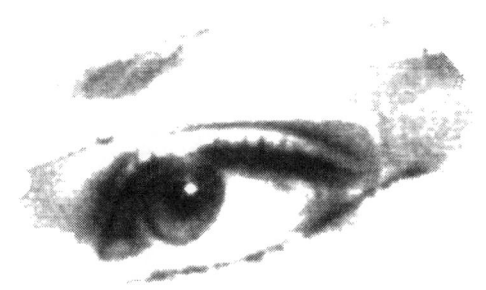

Die Deutsche Bibliothek –
CIP-Einheitsaufnahme

Ein Titeldatensatz für diese Publikation ist
bei Der Deutschen Bibliothek erhältlich.

Copyright © 2001

siconnVerlag

www.TeddySoft.net/siconnVerlag

1. Auflage Juni 2001

Printed in Germany 2001
Illustrationen: Nicole Gülich
Layout&Satz: in Zusammenarbeit mit TeddySoft
Druck&Bindung: BoD GmbH, Hamburg

ISBN 3-8311-2000-5

Nicole Gülich

AUGENBLICK MAL !

Gedichte zum Nachdenken und Verschenken

LyrikEdition
siconnVerlag

... **beflügelt!**

ZUM BUCH

*Die in diesem Band zusammengefassten Ge-
dichte entstanden in der Dekade von 1986 bis
1996. Sie bringen Gefühle und Situationen auf
den Punkt, die wohl jeder kennt und bereits er-
lebt hat: Glück, Verzweiflung, Ohnmacht, Sehn-
sucht, Liebe.*

*Die Autorin liebt es, mit Sprache zu spielen und
"um die Ecke zu denken". Sie lädt Leserinnen
und Leser mit ihren zum Teil stillen, zum Teil ener-
giegeladenen Gedichten zum Nachdenken
und –fühlen ein.*

ZUR AUTORIN

*Nicole Gülich wurde im Jahr 1968 in Bad Oeyn-
hausen/Westfalen geboren und ist in einem Ort
nahe Minden aufgewachsen. Ihr Studium
schloss sie 1990 in Mannheim mit einer Arbeit
über den Journalismus als Diplom-Verwaltungs-
wirtin ab.*
*Zunächst in Düsseldorf tätig, arbeitet sie seit 1992
in Kiel. Nebenberuflich absolviert sie ein Studium
der Psychologie und Soziologie.*
*In ihrer Wahlheimat Schleswig-Holstein lebt die
Autorin mit ihrem (dänischen) Mann und ihrem
kleinen Sohn.*

Derzeit arbeitet sie an zwei weiteren Gedicht-bänden – davon einer zum Thema "Mutter werden/sein". Nähere Informationen hierzu sowie die voraussichtlichen Erscheinungsdaten werden auf der Internetseite des Verlages (s. Impressum) bekannt gegeben.

»Gedichte sind sich zu Worten verdichtende Gefühle, die irgendwann danach drängen, formuliert und zu Papier gebracht zu werden.«

Nicole Gülich

Für meine Liebe/n

WEG-WEISE-R

Ein Tropfen
aus Glas
wirbelt
durch die Luft
zerspringt
in tausend kleine Kristalle
auf dem harten Stein –
glitzernde Träume
aus Perlen gemacht.

Wirf sie nicht vor die Säue!
Träume sie!
Lebe sie!

Es ist nicht leicht, seinen Weg zu finden
durch das Labyrinth
des Lebens.

Sie sagen
»Viele Wege führen nach Rom.«
Aber auch viele
in die Irre.

Wähle das Leben –
Dein
Leben!

NÄCHTLICHES WASSER

Wasser –
spiegelt Gedanken
Klarheit verschwimmt
in Licht und Glanz und Dunkelheit
unheimlich
und unweigerlich anziehend –
magisch ?
mystisch ?

Verzerrte Bilder
Farbtupfer
in unendliche Schwingungen versetzt
scheinen sie zu klingen
hell und weich tönend
verläuft alles
ins Imaginäre

Bilder entstehen
verschwinden
wie Spiegelungen der Seele
vom Wasser reflektiert
erst glatt und deutlich
so klar

doch tauchst Du den Finger
gar die Hand
hinein
versuchst sie zu fassen
verschwinden sie
gleich
Trugbildern.

Erst klirrende Kreise
dann schwingende Wogen
verzerren
setzen sich
zu immer neuen Gedankengemälden
zusammen –
unaufhörlich
immerwährend.

SEHNSUCHT

Vogelschwingen
so klein und
doch so weit
durchspannen den Himmel
die Weite
die Ferne
die Sehnsucht
zieht sie
fort.

Steig` auf, Vogel!
Der bedeckte Himmel
schützt dich vor der Sonne
der Wärmenden
    Tröstenden
    Gnadenlosen.

Kühlende Wolken
ziehen
fliegen
in die Ferne.

Nimm mich in Deine Arme!
Flieg` mit mir davon!

Stille meine Sehnsucht
nach Weite
> *Ferne*
> *Nähe*
> *Wärme*
> *Freiheit*
> *Geborgenheit –*
nach Liebe!

ÄNDERUNGSSCHNEIDEREI

Ich sehne mich
nach Veränderung:

ändern
wollte ich mich
– mit Erfolg

geändert
hat man mich
– mit Ergebnis

wie einen Rock
dem Träger
angepaßt

aber genau das
paßt
mir eben nicht
mehr

will nicht mehr
nur anderen
gefallen

ge-fallen
bin ich dabei
auch ohne-dies
weit genug.

Ich will nicht
noch
tiefer
sinken
vor mir selbst.

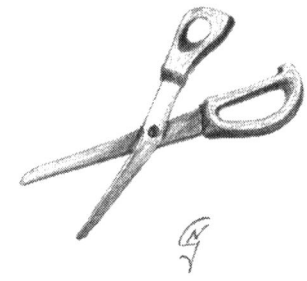

GEMEINSAM
FÜR BERND V.

Zwei Schwalben
am Sommerhimmel
ziehen sie
ihre Kreise

erst klein
dann auch größere Flüge
wagend!

– gemeinsam

trotz Wolkenfeldern
und Stürmen
zusammenstehend

trotz Stürze
und gebrochener Flügel
sich wieder
in die Lüfte schwingend
sich gegenseitig stützend

– gemeinsam

Sie sagen
»Eine Schwalbe macht noch keinen Sommer.«
Aber vielleicht zwei –
zumindest ihren eigenen ...
                    ... gemeinsamen!

Die Flamme

Weiß
reckt er sich
empor
hält stolz
sein geflochtenes
von Wachs durchtränktes Haupt
in die Höhe

bis die Helle ihn ergreift
vorsichtig
zögernd
von oben bis zur wächsernen Festung
hinunterkletternd
seine Unschuld
schwärzt

erst zaghaft
dann bestimmter
flammt sie empor
um Leben kämpfend
zehrt sie
an den
den Umzüngelten einschließenden
Mauern –
rußigen Rauch
duftig verbreitend.

Ein Hauch
ein Atem läßt die Wärmende
durch die Dunkelheit
schweben

zitternd flackern
beinahe ertrinkend erstickt
sich wieder
aufrichtend
majestätisch
willensstark
– mein
  Leben!

Jede Zuckung
meines gefährdeten Daseins
auskostend
schwebe ich
wie die Flamme
zwischen
Leben und Unendlichkeit.

Licht
greift
kämpfend um sich
am Wachs zehrend
am Sauerstoff nährend
züngelt verzweifelt
speit
dem Tod
dem Nichts
ins Antlitz
um sich erhaben
und aller Welt leuchtend
emporzuwinden –
glanzvoll
bewundert

angefochten
und Stürme durchlebend –
doch
*durch-**lebend**!*

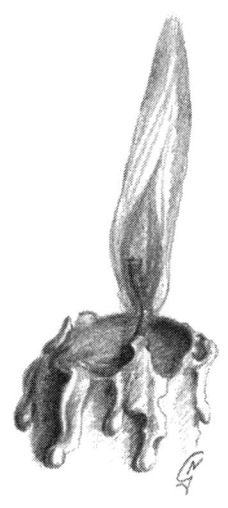

FERTIG-KEITEN

Ich werde mit
mir selber
nicht fertig –

Verzweiflung!

Warum
eigentlich?!

Denn
wenn ich mit mir
erst einmal
fertig
bin
ist es
zu spät –

keine Veränderung
mehr
möglich!

WEIßT DU NOCH ...
FÜR BERND V.

Weißt Du noch
wie schön es war:
Venedig bei Sonnenschein
kleine Kinder
ums Denkmal sich tummelnd.

Wippende Boote – wogendes Wasser
Venedig bei Sonnenuntergang
Tauben auf dem Markusplatz
glitzernde Paläste
versuchen
den Schmutz zu verbergen –
strahlendes Bild
einer
märchenhaften Stadt.

Märchen

Weißt Du noch
der weiße Strand
die grünen Palmblätter
die farbigen Klänge
– wir wußten nicht
»W a s sag` ich Dir?«
Wir schlichen
wie Katzen
um den heißen Brei
unserer Gefühle.

Weißt Du,
machen wir es
nicht jetzt
genauso:
»W i e sag` ich`s Dir?«

Sag`s mir!
Nicht
ich
bin Dein Problem –
sondern
ich
bin dazu da
Dir
zu helfen
Deine Probleme
zu lösen

mit Dir
zusammen
– wenn Du es noch willst!

Willst Du !?

Weißt Du,
Du brauchst es nur
zu erkennen,
mich
entdecken
– nicht
   als bloße Geliebte
– sondern
   als echte Partnerin!

Wir wußten
damals nicht,
wie soll es weitergehen.

Es ging weiter!

Es wird auch jetzt weitergehen.

Ich weiß!

Mantel der Angst

Manchmal
habe ich
Angst
vor der Zukunft.

Unsicherheit
Furcht
vor dem Unbekannten.

Dunkelheit
umfängt mich

hüllt mich ein –
ein alter Mantel, der
zu eng
geworden ist.

Doch
ich tricks` dich aus:
streif` dich ab
und
bin frei!

GEFANGEN

Ich möchte mich verstecken
– am Liebsten vor mir selbst;
mich nicht mehr
finden
im Schmutz
(m)eines kreisenden Inneren;
vom Chaos beherrscht!

So gerne
Überlegenheit
Strahlen
aussenden –
sonnengleich.

Doch
mich wieder
in meinem eigenen
Netz verstrickt
zu finden –
wie die hilflose
Fliege
Opfer
der Spinne

– Opfer meiner selbst!

ABENDROT

Der Feuerball neigt sich
dem Wasser zu
berührt den Horizont.

Abendliche Sonne wandelt
Azur in Rot –
ein Meer von Blut.

Aus schmerzlosen Wunden
strömt farbiges Licht
purpurne Bahnen –
Straße in die
Unendlichkeit.

Bis sie
untergeht
im Meer
versinkt:

Atlantis ruft!

UMGÜRTEN

Ketten zerreißen –
eine schwere
schöne
Aufgabe.

Auch ich zerreiße
Ketten –
nur anders
als gewollt

Befreiung

doch ich will
nicht mehr
meinen eigenen Rahmen
sprengen
ins Grenzenlose
wachsen –

das
ist nicht
meine
Freiheit!

Ketten zerreißen –
eine schwere
schöne
Aufgabe.

Auf-gabe
ich gab oftmals
auf:

meine Ziele
mich selbst
doch niemals
meine Aufgabe
und
meine Hoffnung
auf eine hellere
Zukunft:

schlankes
Licht
federleicht
springt
schwebt
durch luftleeren Raum

Schmerzen
zerfließen
zwischen meinen Fingern
zu milchweißen Bächen
rinnen
durch das Sieb
meiner Gedanken

fallen kristallklar
Tropfen ins
Nichts
ballen sich zu einer
Kugel
gläserner Kraft.

Sie rollt
mir entgegen
aus dunkler
Unendlichkeit
kreist
zu meinen Füßen
bleibt sie liegen.

Ich verspüre den Wunsch
sie aufzunehmen
doch
ich knie nieder
schaue hinein:

bewegtes Wasser
fließende Gedanken
Träume

Gesichtszüge
kristallisieren sich heraus
verschwimmen
zu Erinnerungen
bis der Spiegel
sich beruhigt
und ein
klares Bild
mir
entgegenschreit:

Du !!!

ZEITEN DER GEFÜHLE

Die Vögel ziehen gen Süden
Ein Wind streicht über das Land
Ein Blatt schwebt nieder, bleibt liegen
Der Herbst hält seinen Einstand.

Ein Meer von Farben, Baum an Baum
Gekleckst auf Berg und Hügel
Gedanken schweifen – und ein Traum
Der Sehnsucht wachsen Flügel.

Ein kühler Hauch streift meine Wange
Der Atem des Winters mag`s wohl sein
Melancholie tönt Zeitengange
Ich fühle mich einsam – so allein.

Doch bald,
wenn Bäume knospen, Blätter sprießen
Zieht der Frühling wieder ein
Freude hüpft auf leichten Füßen
Grüßt auch mich – und läßt mich ein!

HERBSTGRUSS

Nebel senkt sich auf Gedanken
Regenschleier vor dem Blick
kalte Hände
auf der Suche
umklammern mein Herz

die innere Uhr
beginnt
rückwärts zu gehen

ich haste
durch graue Straßen
und warte
auf »Alarm«

die Kirchturmuhr
schlägt zwölf.

Ich wache auf.

Wirklich
nur
ein Alptraum?

FLOCKE
FÜR MICHA L.

Schau` nur:
die ersten Schneeflocken
schweben
durch die Luft
so unnahbar und kalt –
nach außen hin.

Doch sieh` nur genauer her:
zwar kühl
doch so unendlich
zart
von Meisterhand geschaffene
kristalline Linien
zeichnen
Deine schöne Gestalt
Dein Innerstes!

Vorsichtig
strecke ich ihr
die Hand
entgegen

zart
legt sie sich
darauf
vertraut
sich meiner an.

Bis die Wärme
der Haut
sie langsam
zum Schmelzen
bringt
ehemals Wasser –
wieder zu Wasser werdend

perlt sie
einer Träne gleich
im Schutz
menschlicher Liebe.

Das Ersehnte
endlich gefunden:
ein Heim
am Ende einer langen
einsamen
Reise
durch eine freie
– aber eiskalte –
Welt!

SEELENVERWANDTSCHAFT

Ich sehne mich

nach Armen,
die mich halten

nach Händen,
die mich auffangen

nach Augen,
die mich anlächeln

– Liebe verheißend

nach Gefühlen,
die unter die Haut gehen

– innere Saiten zum Klingen bringend

nach einer Seele,
der meinen verwandt:

nach
Dir!

FÜR M.

Ich
möchte für
Dich

Kameradin
Freundin
Geliebte
Partnerin

und
einfach nur (?)

Frau

sein.

Und
wie möchtest Du mich ...

NACHTGEDANKEN

IM KRANKENHAUS

Hier liege ich nun
und
schlage die Zeit
tot
starre die Decke an
weiß – weiß – weiß
lasse meine Augen
in ihren Höhlen
kreisen
teilnahmslos
über kahle Wände
gleiten –
seufzend.

Hier liege ich nun
und
könnte doch
statt dessen
so viel
Sinnvolles
tun:

Dich ansehen
*   anlächeln*
mit liebevollen Augen
zart berühren
meine Fingerspitzen
Deine Haut
ertasten jeden Zentimeter
Deines Gesichtes:

über
das Plateau der Stirne
und
die Wiesen
der Brauen
die Augen umrundend
kleine Fältchen spürend
zwischen
den Wimpernschlägen
auf die Schanze gelangend
in kühner Fahrt
geht`s
     bis zur
         Spitze
und
– schwupp –
im Flug
über ein braunes Stoppelfeld
zu Deinen
Himbeerlippen

– gelandet!

Spürst Du mich?

ZEIT DES REGENBOGENS

Es ist die Zeit des Regenbogens,
da wir einander wieder
so fern sind:
hunderte von Kilometern
einsamer grauer Straßen
und trauernder Wälder
zwischen uns liegen.

Es ist die Zeit des Regenbogens,
da ich mich nach Dir sehne,
Dich herbeiwünsche
viele Augenblicke am Tag
gen Horizont schaue
mich verlierend,
um Dich zu finden.

Es ist die Zeit des Regenbogens,
da sich Gedanken und Gefühle
in mir verdichten
und ich sie
über die bunte Brücke
zu Dir sende.

Es ist die Zeit des Regenbogens,
da wir einander wieder
so nah sind
in Gedanken vereint.

Es ist die Zeit des Regenbogens,
da ich Dich liebe
bis mir das Herz schmerzt.

ICH SENDE DIR...

einen Gruß
        mit der Post
einen Kuß
        mit dem Wind
und mein Herz
        in Gedanken.

Liebe ist grenzenlos
Entfernungen schmelzen
zusammen.
Ewigkeiten gleichen einem
Augenblick –

und schon
bin ich bei Dir,
weil ich Dich
liebe!

WITH YOU – WITHOUT YOU

Ich dachte,
ich könnte auch ganz gut
ohne Dich
leben,
fühlte
kaum Sehnsucht und Schmerz.

Doch
ein Brief von Dir
rührte
an meinem Herzen
brachte Sehnsuchtssaiten zum Klingen.

Nun
vermisse ich Dich
wieder
unendlich
liebe Dich
bis mir das Herz
weh tut!

Und
will
gar nicht mehr
ohne Dich
leben!

ZEIT-LOS

»Keine Zeit«
rufst Du
und
hastest ihr hinterher.

Bliebest Du
einen Augenblick
stehen,
nähmest Dir
Zeit,
bemerktest Du,
wie sie
Dich
– nach einer Weile –
wieder einholt.

Nimm Dir Zeit
für wichtigere Dinge
als sie zu
verlieren
beim Grübeln darüber,
wie Du sie
gewinnen
kannst!

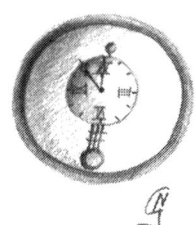

KALTE ZEITEN

Es ist Herbst.
Wir ernten
die bitteren Früchte
unserer Beziehung.

Unsere Liebe
ist dem Jahr ein Stück
                    voraus.

Mit fröstelt!

ZU-FRIEDEN-HEIT

»Laß mich zufrieden«,
sagst Du ...

und bist es doch nicht.

Zufrieden lassen
in Deiner
Un-Zufriedenheit

– welch ein Frieden!

MASKEN

Laß mich meine Maske aufsetzen;
ich möchte mich
verstecken.

In erster Linie
vor den anderen
vor Dir
doch
auch vor mir selbst.

Man – Du – ich
könnte zuviel
ENTDECKEN –
und
VERLETZEN!

MAUERN

Z e r r i s s e n
zwischen
der Sehnsucht
                nach Deiner Zärtlichkeit
und der Angst
                vor Deiner Zurückweisung
kann ich sie nicht
überwinden
die **Mauer**
hinter der Du Deine Unsicherheit
versteckst
die ich Dir noch habe aufbauen helfen
mit Quadern
aus Eifersucht und Intoleranz.

Nun steht sie da
    zwischen
        uns
läßt Gefühle abprallen:
Vereinigung
scheint unmöglich.

Schein trügt!

Ich hoffe,
wir haben beide den Mut,
Trugbilder zu hinterfragen
und
hinweg über Trümmer und Glut
einen Neuanfang zu wagen.

Ich bewundere den Phönix!

SEHNSUCHTSINSELN

Verspürst
Du es nicht auch:
diese furchtbare

Einsamkeit

den sehnsuchtsvollen Wunsch
von warmen Armen
sanft
umschlossen zu werden

den Kopf
an eine Schulter
lehnen zu können

abschalten

vom Treiben
da draußen.

Wo ist sie –
meine Insel der Harmonie?

Nicht einmal
am Horizont
kann ich sie entdecken ...

OHNMACHT

Ich hasse Dich
für
Deine Unentschlossenheit
Dein »ich weiß es nicht«
Deine sogenannten Scherze
hinter
denen Du
Deine innere Unsicherheit
und
Dich selber
vor uns
versteckst!

TOD AUF RATEN

Wer ewig
schluckt
und
schweigt
stirbt
von innen!

DER BAUM

Unstillbare
Sehnsucht
nach Liebe
dabei so viel verlangend
wie
ich selber
zu geben
bereit bin

verlangen
– besser doch
  erlangen
Liebe
nicht fordern
sondern
geduldig zusehen
daß sie wächst;

ein Same
eingebettet
in der Liebe
zweier Herzen
Wurzeln schlagend.

Der zarte Sproß
durchbricht
die rauhe Schale
reckt
sein Grün
dem Licht entgegen:
befreit

von Alltäglichem
von Gewöhnlichem
obgleich
darin verankert.

Zehrend
an Zärtlichkeit
wächst
das Bäumchen heran
langsam
aber stetig –
unsere Liebe

sich entfaltend
zu einem stattlichen Baum
nun selber
Geborgenheit gebend
Schatten spendend
uns Schutz gewährend
vor der Glut da draußen
– eine Welt in der Welt!

Einst
wird er Knospen
      Blüten
      Früchte
tragen.

Doch
nicht jetzt
noch nicht!

Nicht das Bäumchen soll
unreif
sich mit unreifer
Frucht schmücken
um am Ende
unter der Last
seiner eigenen Krone
zusammenzubrechen

– sich selbst
  zerstörend

– Zukunft
  begrabend.

SCHEIN DER HOFFNUNG

Schwarze Straßen führen ins
Unendliche
Felder beiderseits
ein Lichtschein
in der Ferne

ich laufe
laufe

doch der Schein bleibt
fern

ich laufe
renne
hals über kopf

doch das Licht
scheint
unerreichbar.

Auch Mohnfelder
sind schwarz
bei Nacht.

Lohnt es sich
durch die Weite
        Dunkelheit
        Angst
        Einsamkeit
zu streben
diesem Licht entgegen?

Ich drehe mich um:
Leere!
Nichts!

Besser
einem Schein, der
an-schein-end
schein-bar
unerreichbar ist
entgegeneilen
als in die
Leere
zu blicken!

Gib` die Hoffnung
niemals
auf!

Gehe
dem Licht entgegen!

ENTFERNUNGEN

NEGATIV

Manchmal
sind es
nicht
Kilometer von Asphalt
     von Wäldern
     von Meeren
die einander
trennen.

Du
hockst neben mir
doch
Dein Herz
ist einen Erdumfang
von meinem

entfernt.

ENTFERNUNGEN

POSITIV

Gedanken
schlagen
Brücken
über hunderte von Kilometern
verbinden
gemeinsame Gefühle.

Meine Sehnsucht
breitet
ihre Schwingen aus
macht sich auf den Weg
zu Dir
schwebt
durch die kalte Nacht
und sucht
nach Deinem warmen Herzen.

Ist die Landebahn frei?

ECKERNFÖRDE

FÜR T.S.P.

Sonne
malt elektrische Blitze
auf sanfte Meereswogen
gestreichelt
vom Atem des Windes
geküßt
von Sommersonnenstrahlen
träumen
wir Sehnsüchte herbei
verlieren
uns in den Armen des anderen
finden
uns wieder in
AugenBlicken

sanft
sprühend
gefährlich
wunderschön

Laß mich Deine Zauberin sein
und Sommerwindküsse
                    herbeizaubern.

DANSK SOLNEDGANG

FÜR T.S.P.

Der Widerschein
der
    versinkenden
                Sonne
zaubert
Wattebäuschchen an drohende Sturmwolken

untermalt
von flammendem Rot

weicht
der sterbende Tag
der geheimnisvollen Nacht.

Der schwarze Reiter
betritt die Himmelsbühne
breitet
seinen samtenen Mantel
über
unsere kleine Welt.

Ein zartes Gewebe
gesponnen
aus Fäden der Zärtlichkeit
Glück
sprüht Funken
in das Sternengewölbe der Nacht
Sternschnuppen der Freude

– kærlighed!

PÄCKCHEN (ENT)PACKEN

Da sitzen wir
nun
vor unserem gut verschnürten
Päckchen.

Endlich mal wieder
neugierig
öffnen wir
die vielen kleinen
Knoten
       des Mißtrauens
       der Eifersucht
       der Unehrlichkeiten
       der Traurigkeit
entfernen
das Papier
der Unsicherheit

und stellen
überrascht
fest:
der Inhalt ist
unsere Liebe!

Da war sie also versteckt!

Welch ein Glück:
wir sind endlich wieder
neugierig
aufeinander.

KREUZWEG

Wieder
so ein Scheideweg
wieder
unsicher
welche Ent-scheid-ung
die richtige ist

innerlich
zer – rissen.

Nur eines ist sicher:
angekommen
bin ich noch nicht!
an meinem Ziel

»Der Weg ist das Ziel«,
sagen sie.

Welcher ?!?

GEBURTSTAGSVORABENDGEDANKEN

Wieder einmal
jährt sich der Tag meiner Geburt.
Wieder einmal
werden mir viele gratulieren.
Wieder einmal
frage ich mich: wozu eigentlich?

Die Zeit
vermag ich
nicht zu beherrschen.
Sie zieht
dahin
endlos viele Augenblicke
> Sekunden
> Minuten
> Stunden
> Tage
> Wochen
> Monate
> Jahre
auf der Perlenschnur meines Lebens
stapelt Lenz auf Lenz
fein säuberlich und nahtgenau
verpackt
in Kisten
vergangener Jahre
sämtlich gleich groß
wenn auch
nicht immer gleich schwer.

Nicht Perlenfischer
nicht Baumeister
meiner Zeit
bin ich
nur Geschmeide und Gebäude ...?

Insgeheim
gratuliere
ich
meinen Eltern

– zur Grundsteinlegung.

WUNSCH FREI

Ich wünsche uns
daß unsere Liebe
stets
Eis zum Schmelzen bringt

aber
aus Tropfen
von Wasser
nicht
Tränen macht.

VOM TRAUE(R)N

Du liebst mich
sagst Du

und trauen
(lassen)
würdest Du Dich
nur mit mir
– wenn überhaupt –.

Wie beruhigend,
daß jede andere Frau
auch
keine Chance
bei Dir hat.

INHALTSVERZEICHNIS

Impressum...2
Zum Buch..4
Zur Autorin..4
Weg-weise-r...9
Nächtliches Wasser.................................10
Sehnsucht...12
Änderungsschneiderei 14
Gemeinsam..16
Die Flamme 17
Fertig-keiten...20
Weißt Du noch......................................21
Mantel der Angst 24
Gefangen..25
Abendrot 26
Umgürten..27
Zeiten der Gefühle 30
Herbstgruß 31
Flocke..32
Seelenverwandtschaft 34
Für M...35
Nachtgedanken 36
Zeit des Regenbogens.........................38
Ich sende Dir...39
With you – Without you........................40
Zeit-los 41
Kalte Zeiten...42
Zu-Frieden-heit 42
Masken 43
Mauern 44
Sehnsuchtsinseln 46

Ohnmacht 47
Tod auf Raten 47
Der Baum 48
Schein der Hoffnung 51
Entfernungen (negativ)................................53
Entfernungen (positiv) 54
Eckernförde 55
Dansk solnedgang 56
Päckchen (ent)packen 57
Kreuzweg 58
Geburtstagsvorabendgedanken 59
Wunsch frei 61
Vom Traue(r)n 61
Inhaltsverzeichnis..62